coleção fábula

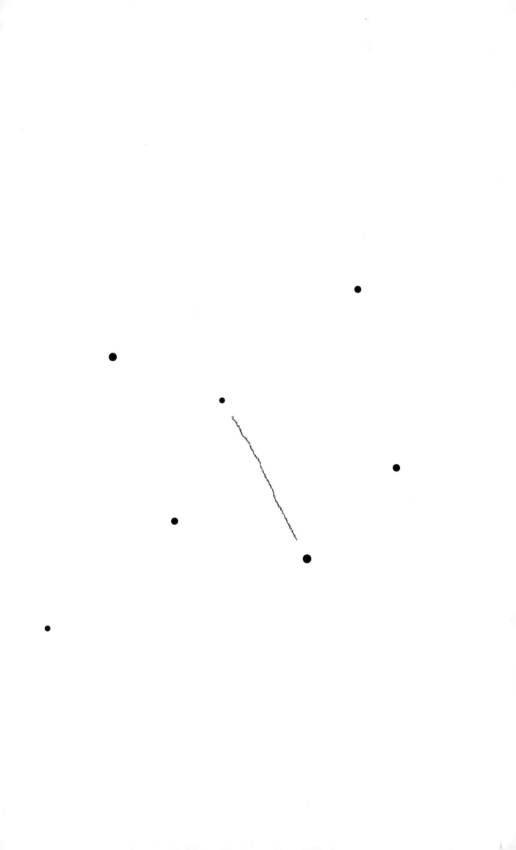

Eliot Weinberger
AS ESTRELAS
The Stars

desenhos
Fidel Sclavo

tradução
Samuel Titan Jr.

editora■34

Sumário

As estrelas 11

The Stars 27

Uma conversa com Eliot Weinberger 43

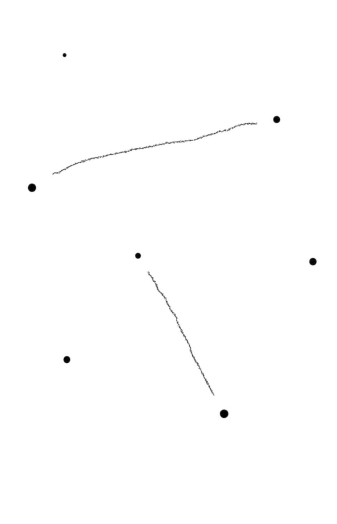

As estrelas, o que são?
São lascas de gelo refletindo o Sol;
são luzes à deriva nas águas além do domo transparente;
são pregos cravados no céu;
são buracos na grande cortina entre nós e o mar de luz;
são buracos na concha dura que nos protege do inferno mais além;
são as filhas do Sol;
são as mensageiras dos deuses;
têm forma de roda e são condensações de ar com chamas que rugem
no espaço entre os aros;
estão sentadas em cadeirinhas;
estão espalhadas pelo céu;
levam recados para os amantes;
são compostas de átomos em queda no vácuo e se entrelaçam
umas às outras;
são as almas dos bebês mortos transformadas em flores celestes;

são pássaros com as plumas em chamas;
são elas que fecundam as mães dos grandes homens;
são concentrações brilhantes do sopro do espírito, feitas de resíduos
da criação do Sol e da Lua;
são prenúncio de guerra, morte, fome, praga, de colheitas
fartas ou magras, do nascimento dos reis;
são elas que regulam o preço do sal e do peixe;
são a semente de toda criatura que há na Terra;
são o rebanho da Lua, disperso no espaço como ovelhas num prado,
e quem as conduz ao pasto é a Lua;
são esferas de cristal e seu movimento cria uma música no céu;
são fixas e nós nos movemos;
somos fixos e elas se movem;
são os caçadores de focas que perderam o seu rumo;
são as pegadas de Vishnu cruzando o céu;
são as luzes dos palácios em que vivem os espíritos;

são de tamanhos diferentes;
    são velas fúnebres, e sonhar com elas é sonhar com a morte;
 são, como toda matéria, feitas de quatro espécies de matéria:
 prótons, nêutrons, elétrons, neutrinos;
são todas do mesmo tamanho, mas algumas estão mais perto de nós;
  interagem por meio de quatro forças: a gravidade, o eletromagnetismo
  e as forças nucleares forte e fraca;
    são os únicos deuses que há, e o Sol é o mais poderoso deles;
são os caçadores de avestruz que passam a noite ao relento,
ao raiar do dia eles se aconchegam ao Sol para se aquecer
e é por isso que não há meio de vê-los;
  o orvalho e a geada caem das estrelas;
      os ventos, quentes ou frios, sopram das estrelas;
  as estrelas caem do céu no colo de uma donzela;
    são as brasas do fogo da criação;
        não mudam nunca;

são as tendas brancas em que vive o Povo das Estrelas;
são os incontáveis olhos de Varuna, que atravessa o céu montado
em Makara, meio pássaro, meio crocodilo, ou meio antílope,
meio peixe;
estão em fluxo constante;
é preciso fazer sacrifícios em sua honra para que chova;
são o Intransitório na forma de andorinhas alimentando-se
do fruto da Árvore da Imortalidade que cresce na ilha do
lago do Falcão Verde;
as estrelas brilham, piscam, cintilam, reluzem;
são encantadoras;
são prenúncio do mal;
são os olhos de Thjasse arremessados ao céu por Thor;
são as formigas brancas do formigueiro ao redor do inamovível Dhruva,
que medita por toda a eternidade no coração da floresta;
são uma espécie de queijo celeste batido até virar luz;

elas são, elas simplesmente são;
        as estrelas são um jardim gigantesco, e, se é verdade
        que não vivemos o bastante para testemunhar
        como germinam, despontam, criam folhas, dão frutos,
        murcham, secam e morrem, ainda assim são tantos
        os seus espécimes que cada estágio está sempre à vista;
nós mesmos e todas as estrelas que vemos somos apenas
um átomo num conjunto infinito: um arquipélago cósmico;
o céu é como uma pedra de moinho girando, e as estrelas são como
formigas caminhando na direção oposta;
        o céu é como o pálio de uma carruagem, e as estrelas são
        como as contas que o pontilham;
o céu é um orbe sólido, e as estrelas são a luz perpétua
dos vulcões em sua superfície;
        o céu é de lápis-lázuli sólido, e as estrelas são seus veios de pirita;
        cada estrela tem um nome e mais um nome secreto;

a única palavra que nos chega delas é sua luz;
   o entendimento humano jamais dará conta da totalidade das estrelas;
numa noite clara de céu estrelado, o poder oculto do conhecimento
fala uma língua sem nome;
      o bem e o amor nos vêm das estrelas;
se não estivéssemos numa galáxia, não veríamos as estrelas;
    se a gravidade não fosse tão fraca, as estrelas seriam menores,
e se fossem menores, não arderiam por tanto tempo, e se não
ardessem por tanto tempo, não estaríamos aqui;
   elas não têm nenhum elemento casual ou aleatório, não fazem
nenhum movimento errático ou acidental;
     o mal e o infortúnio nos vêm delas;
sua existência é improvável;
   sua infinitude nos impele a contá-las;
      sua espantosa regularidade desafia a crença
      e é prova da divina inteligência que reside nelas;

o silêncio eterno dos espaços infinitos é assustador;
  quanto mais compreensível parece, mais absurdo o universo se mostra;
    todas as estrelas se movem e reluzem a fim de ser mais plenamente
    o que são—a luz cria luz porque essa é sua natureza;
conhecer as estrelas é indispensável à compreensão dos poetas;
          se não irradiassem luz, as estrelas explodiriam;
após a morte, as almas moram nas estrelas— portanto o cintilar
de uma nova estrela talvez seja sinal de que a alma de um grande homem
ou de uma grande mulher chegou a seu destino;
     "desastre" conota "astralmente infeliz";
   a única explicação para tantas estrelas que não podemos ver
   é que o Senhor as criou para que outras e longínquas criaturas
   pudessem admirá-las mais de perto;
           somos o centro do universo material, mas estamos
           no perímetro do universo espiritual e estamos condenados
           a observar de longe o espetáculo da dança celeste;

ao contrário de outros animais, o homem foi criado para manter-se
em pé e olhar as estrelas;
   o rei Artur está lá em cima, esperando a hora de voltar a reinar na Inglaterra;
      K'uei está lá em cima, o brilhante erudito que nasceu
      com um rosto horrível;
lá em cima estão a Manjedoura, a Bruma, a Nuvenzinha, a Colmeia;
   olhe: a Torre de Babel e a Felicidade das Tendas;
lá estão os salteadores e as pombas que trazem ambrosia
para os deuses e os ginetes gêmeos do alvorecer;
   lá está a filha do vento, carpindo o marido que morreu no mar;
      lá estão o Rio Bravo e o Palácio dos Cinco Imperadores,
      o Abrigo dos Cães que Ladram, a Estrada de Palha,
      o Caminho dos Pássaros, o Rio Serpentino de Poeira Reluzente;
lá estão as ninfas que choram seu irmão Hias, morto por um javali,
e cujas lágrimas são estrelas cadentes;
      lá estão as Sete Torres Portuguesas, o Mar Fervente,
      o Lugar Onde Há Que Se Prosternar;

olhe: os Avestruzes Partindo e os Avestruzes Voltando
e os Dois Avestruzes Amigos;
  Cassiopeia, Rainha da Etiópia, que se achava mais bela
  que as Nereidas, está lá, como lá estão sua pobre filha
  Andrômeda e Perseu, que a resgatou com a cabeça da Medusa
  pendurada ao cinto, e Ceto, o monstro que ele matou,
  e Pégaso, o cavalo alado que ele montava;
lá está o touro que ara o Sulco do Céu;
    lá estão a Mão Manchada de Hena, o Lago da Plenitude,
    a Ponte Vazia, o X Egípcio;
e era uma vez uma mocinha que se casou com um urso, e o pai e os irmãos ficaram tão horrizados que mataram o urso, e ela mesma se transformou em urso e matou os pais e perseguiu os irmãos pelas montanhas e através dos rios até que os encurralou contra uma árvore, e o irmão caçula apontou seu arco mágico para cima, e cada irmão se agarrou a uma flecha e foi disparado para o céu e virou uma estrela lá em cima;

lá em cima;
 lá em cima estão a Venda do Açougueiro, a Espreguiçadeira,
 o Prato Quebrado, o Melão Podre, a Luz Celestial;
 Hans, o Carroceiro, que deu carona para Jesus, está lá em cima,
 e também o leão que caiu da Lua na forma de um meteoro;
  lá em cima, uma vez por ano, dez mil pegas formam
  uma ponte para que a Jovem Tecelã cruze o Rio de Luz
  e reveja o Jovem Pastor;
lá estão as tranças da Rainha Berenice, que sacrificou os cabelos
em troca da segurança do marido;
 lá em cima está um navio que nunca chega a porto seguro,
 e também a Murmurante, a Carpideira, a Luz da Grande Cidade,
 e olhe: o General do Vento;
o Imperador Mu Wang e seu cocheiro Tsao Fu, que partiram em busca dos
pêssegos do Paraíso Ocidental, estão lá;

lá estão a bela Calisto, fadada à perdição pelo ciúme de Juno, e a deusa Marichi,
que conduz céu afora sua carruagem puxada por javalis;
    lá estão o Bode Marinho, o Elefante Dinamarquês, o Grande Tubarão
    Azul que Devora Nuvens e a Cobra de Osso Branco;
        lá em cima está Teodósio transformado em estrela e a cabeça
        de São João Batista transformada em estrela e o hálito de Li Po,
        uma estrela que seus poemas fazem brilhar mais forte;
lá estão os Dois Portões, um por onde descem as almas
prontas para entrar em corpos humanos, outro por onde
elas sobem quando morrem;
    lá um puma salta sobre sua presa e um Dragão Amarelo galga
    os Degraus do Paraíso;
    lá em cima estão a Mulher Letrada, a Donzela Frígida, as Irmãs Úmidas
    e a Cabeça da Mulher Acorrentada;
        lá estão o Camelo Sedento, o Camelo Rumo ao Pasto,
        o Camelo que Pasta em Paz;

lá estão a Coroa de Espinhos ou a coroa que Baco deu a Ariadne
como presente de casamento;
      olhe: o Umbigo do Cavalo, o Fígado do Leão,
      os Testículos do Urso;
lá está Rohni, a Corça Vermelha, tão bela que a Lua,
apesar de suas vinte e sete esposas, só tinha olhos para ela;
  lá em cima estão o Anúncio de Invasão na Fronteira,
  a Filha das Águas, a Pilha de Tijolos, a Ascensão
  dos Cadáveres Empilhados, a Minuciosa, o Lago Seco,
  os Sacos de Carvão, os Três Guardiães do Príncipe Herdeiro,
  a Torre de Prodígios, a Cadeira Caída;
lá em cima está a nuvem de poeira levantada por um búfalo e o bafo denso
do elefante que vive nas águas ao redor da Terra e a água lamacenta remexida
por uma tartaruga nadando pelo céu;
  lá em cima está o círculo roto que é um prato lascado ou um
  bumerangue ou a entrada da caverna onde dorme a Ursa Maior;

lá em cima estão dois jumentos que zurravam tão alto que puseram
os gigantes para correr e foram recompensados com um lugar no céu;
       lá estão a Estrela de Mil Cores, a Mão da Justiça,
           a Via Simples e Serena;
      lá está o Duplo Duplo;
    lá está o Albergue de Estrada;
lá está o Pálio Solene;
       ali está a Cabana do Pastor;
          olhe: o Abutre;
     mire: o Ventilador;
        a Encolhida;
     a Corte de Deus;
         a Codorna em Chamas;
o barco de São Pedro e a Estrela-do-Mar;
                       veja:
                               ali:
               lá em cima:
                   as estrelas.

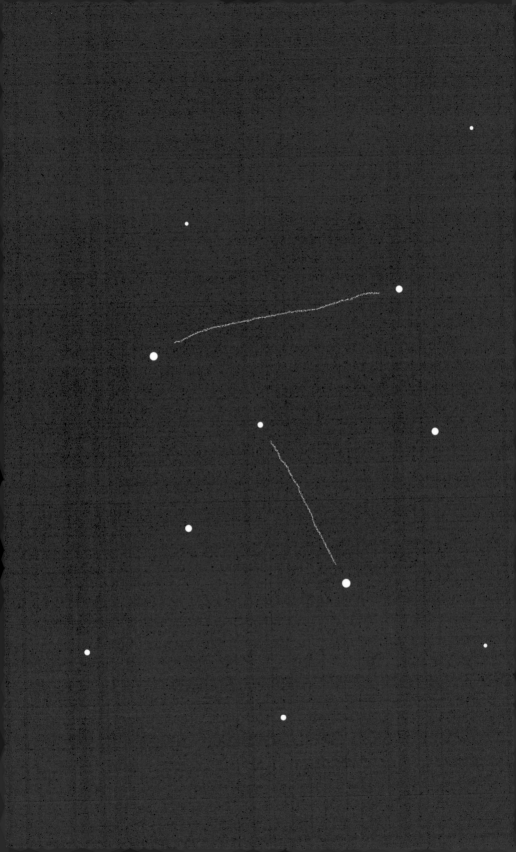

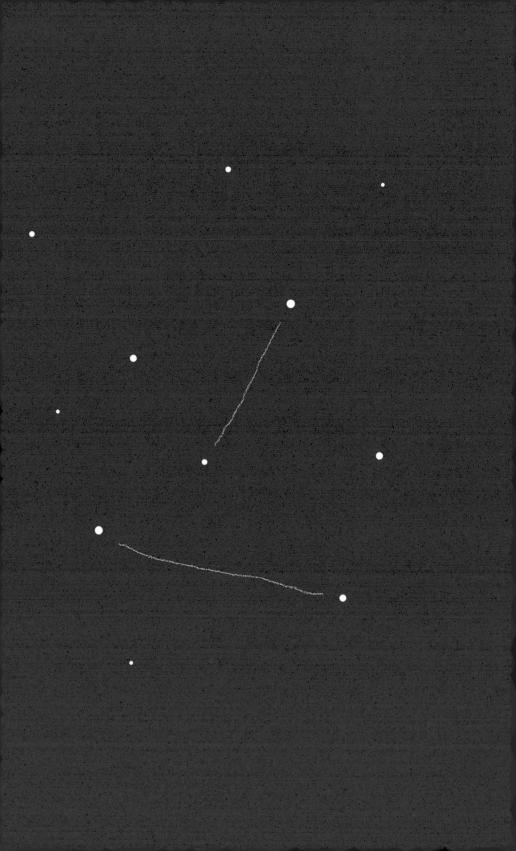

The stars: what are they?
They are chunks of ice reflecting the sun;
they are lights afloat on the waters beyond the transparent dome;
they are nails nailed to the sky;
they are holes in the great curtain between us and the sea of light;
they are holes in the hard shell that protects us from the inferno beyond;
they are the daughters of the sun;
they are the messengers of the gods;
they are shaped like wheels and are condensations of air with flames
roaring through the spaces between the spokes;
they sit in little chairs;
they are strewn across the sky;
they run errands for lovers;
they are composed of atoms that fall through the void
and entangle with one another;
they are the souls of dead babies turned into flowers in the sky;

they are birds whose feathers are on fire;
           they impregnate the mothers of great men;
they are the shining concentrations of spirit-breath, made from the residues left over from the creation of the sun and moon;
    they portend war, death, famine, plague, good and bad harvests, the birth of kings;
                they regulate the prices of salt and fish;
  they are the seeds of all the creatures on earth;
          they are the flock of the moon, scattered across the sky
            like sheep in a meadow, and she leads them to pasture;
they are spheres of crystal and their movement creates a music in the sky;
      they are fixed and we are moving;
  we are fixed and they are moving;
      they are the seal-hunters who have lost their way;
they are the footprints of Vishnu, striding across the sky;
           they are the lights of the palaces where the spirits live;

they are of different sizes;
                        they are funeral candles, and to dream of them
                        is to dream of death;
they are, like all matter, made of four kinds of matter:
protons, neutrons, electrons, neutrinos;
              they are all the same size but some are closer to us;
       they interact through four forces: gravity, electromagnetism,
       the strong and weak nuclear forces;
                they are the only gods and the sun is the chief among them;
they are the ostrich hunters, out all night, and at dawn they huddle
near the sun to get warm, which is why you cannot see them;
              dew and frost fall from the stars;
                    winds, warm and cold, come from the stars;
     stars fall from heaven into a maiden's lap;
              they are the embers of the fire of creation;
                                    they never change;

they are the white tents where the Star People live;
    they are the countless eyes of Varuna, who rides
    across the sky on Makara, who is half bird
    and half crocodile, or half antelope and half fish;
            they are in a state of constant flux;
    sacrifices must be made to them to bring rain;
        they are the Never Vanishing, in the form of swallows feeding
        on the fruit of the Tree of Immortality that grows on the island
        in the Lake of the Green Falcon;
they glisten, twinkle, sparkle, flash;
        they are delightful;
    they are portents of evil;
            they are the eyes of Thjasse flung into the sky by Thor;
they are the white ants in the anthill built around the motionless
Dhruva, who meditates for eternity deep in the forest;
            they are a kind of celestial cheese churned into light;

they are, they simply are;
> the stars are an enormous garden, and if we do not live long enough to witness their germination, blooming, foliage, fecundity, fading, withering, and corruption, there are so many specimens that every stage is before our view;

we and all the stars we see are just one atom in an infinite ensemble: a cosmic archipelago;
> the sky is like a millstone turning, with the stars like ants walking on it in the opposite direction;

the sky is like the canopy of a carriage, with the stars strung like beads across it;
> the sky is a solid orb and the stars the perpetual illumination of the volcanoes upon it;

the sky is solid lapis lazuli, flecked with pyrite, which are the stars;
> > each star has a name and a secret name;

the only word we hear from them is their light;
                  men will never compass in their conceptions
                  the whole of the stars;
under a starry sky on a clear night, the hidden power
of knowing speaks a language with no name;
                        goodness and love flow down from them;
    if we were not located in a galaxy we would see no stars at all;
      if gravity were not so weak, the stars would be smaller,
        and if the stars were smaller they wouldn't burn for very long,
        and if they didn't burn for very long we wouldn't be here;
they have no chance or random element, no erratic or pointless movement;
        evil and misfortune flow down from them;
    their existence is improbable;
        their infinitude propels us to count them;
                their wondrous regularity is beyond belief and proof
                of the divine intelligence that resides within them;

the eternal silence of those infinite spaces is frightening;
            the more the universe seems comprehensible,
            the more it also seems pointless;
all stars move and shine in order to be most fully what they are—light gives
light because it is its nature;
    acquaintance with the stars is essential to an understanding of the poets;
            if the stars did not radiate light they would explode;
souls after death inhabit the stars—the blaze of a new star might therefore
indicate that the soul of a great man, or woman, had reached its destination;
        "disaster" connotes "astrally unfortunate";
    the only explanation why there are so many stars we cannot see
    is that the Lord created them for other creatures, further out,
    to admire at a nearer distance;
            we are the center of the material universe but at the perimeter
            of the spiritual universe and we are doomed to watch
            the spectacle of the celestial dance from afar;

unlike the other animals, man was made to stand erect
so that he could gaze at the stars;
    King Arthur is up there, waiting for his return to rule England again;
        K'uei is there, the brilliant scholar born with a hideous face;
            up there is the Manger, the Mist, the Little Cloud, the Beehive;
                    look: the Tower of Babel and the Felicity of Tents;
up there are highway robbers, and doves bringing ambrosia
to the gods, and the twin horsemen of the dawn;
    up there the daughter of the wind, mourning for her husband lost at sea;
        the Strong River is there, and the Palace of the Five Emperors,
            the Kennel of the Barking Dogs, the Straw Road, the Birds' Way,
            the Snake River of Sparkling Dust;
    up there are the nymphs who mourn their brother Hyas,
killed by a wild boar, and whose tears are shooting stars;
            there are the Seven Portuguese Towers, the Boiling Sea,
            the Place Where One Bows Down;

>look: the Ostriches Leaving and the Ostriches Returning
>and the Two Ostriches who are friends;

Cassiopeia, Queen of Ethiopia, who thought she was more beautiful than the Nereids, is there, and her hapless daughter Andromeda, and Perseus who rescued her with the head of Medusa swinging from his belt, and the monster Cetus he slew, and the winged horse Pegasus he rode;

>there is the bull who plows the Furrow of Heaven;
>up there is the Hand Stained with Henna, the Lake of Fullness,
>the Empty Bridge, the Egyptian X;

>>and once there was a girl who married a bear and her father
>>and brothers were so horrified they killed the bear and then
>>she herself turned into a bear and killed her parents and
>>chased her brothers over the mountains and through the streams
>>and cornered them in a tree until the youngest aimed his magic
>>bow high and each brother held on to an arrow and was shot
>>into the sky and turned into a star up there;

up there;
    up there is the Butcher's Shop, the Easy Chair, the Broken Platter,
    the Rotten Melon, the Light of Heaven;
Hans the Wagoner, who gave Jesus a ride, is there,
and the lion who fell from the moon in the form of a meteor;
        up there, once a year, ten thousand magpies form a bridge
        so that the Weaving Girl can cross the River of Light
        to meet the Oxherding Boy;
    there are the braids of Queen Berenice, who sacrificed
    her hair to assure her husband's safety;
up there is a ship that never reaches safe harbor,
and the Whisperer, the Weeping One,
the Illuminator of the Great City, and look:
the General of the Wind;
        the Emperor Mu Wang and his charioteer Tsao Fu, who went
        in search of the peaches of the Western Paradise, are there;

the beautiful Callisto, doomed by Juno's jealousy, and the goddess Marichi
who drives her chariot led by wild boars through the sky;
    there are the Sea Goat, the Danish Elephant, the Long Blue
    Cloud-Eating Shark, and the White-Bone-Snake;
        up there is Theodosius turned into a star and the head
        of John the Baptist turned into a star and Li Po's breath,
        a star his poems make brighter;
    there are the Two Gates, one through which the souls descend
    when they are ready to enter human bodies, and the other
    through which they rise at death;
there a puma springs on its prey, and a Yellow Dragon climbs
the Steps of Heaven;
    up there is the Literary Woman, the Frigid Maiden, the Moist Daughters,
    and the Head of the Woman in Chains;
        there is the Thirsty Camel, the Camel Striving to Get to Pasture,
        and the Camel Pasturing Freely;

there the Crown of Thorns or the crown that Bacchus gave
Ariadne as a wedding gift;
           look: the Horse's Navel, the Lion's Liver, the Balls of the Bear;
   there is Rohni, the Red Deer, so beautiful that the moon,
   though he had twenty-seven wives, loved her alone;
     up there the Announcer of Invasion on the Border, the Child
     of the Waters, the Pile of Bricks, the Exaltation of Piled-Up Corpses,
     the Excessively Minute, the Dry Lake, the Sacks of Coals,
     the Three Guardians of the Heir Apparent, the Tower of Wonders,
     the Overturned Chair;
up there is a cloud of dust kicked up by a buffalo, and the steamy breath
of the elephant that lies in the waters that surround the earth, and the
muddy water churned by a turtle swimming across the sky;
              up there is the broken circle that is a chipped dish,
              or a boomerang, or the opening of the cave where
              the Great Bear sleeps;

up there the two donkeys whose braying made such a racket they frightened
away the giants and were rewarded with a place in the sky;
        there is the Star of a Thousand Colors, the Hand of Justice,
        the Plain and Even Way;
     there is the Double Double;
   there the Roadside Inn;
      there the State Umbrella;
         there the Shepherd's Hut, there the Vulture;
  look: the Winnowing Fan;
                              there the Growing Small;
there the Court of God;
      there the Quail's Fire;
           there St. Peter's Ship and the Star of the Sea;
      there:
     look:
        up there:
           the stars.

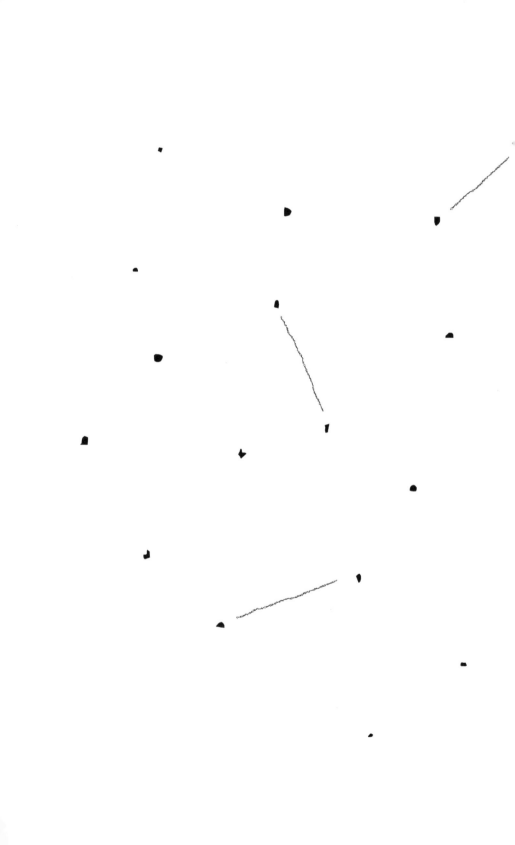

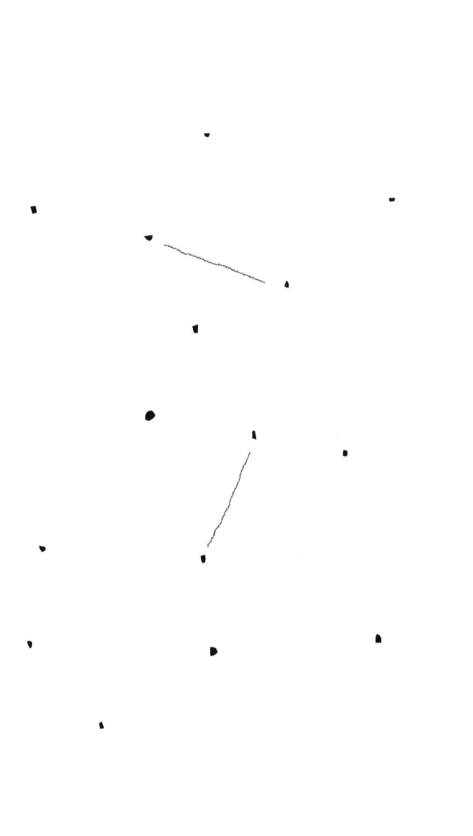

Uma conversa com Eliot Weinberger

As estrelas, de onde elas vêm?

A cada tantos anos, o Museu de Arte Moderna de Nova York produz um "livro de artista" em edição limitada e caríssima, a fim de levantar fundos para a biblioteca do museu. Convidaram Vija Celmins, a grande artista lituano-americana, para criar um livro assim, e me convidaram para escrever o texto. Eu já era fã do trabalho dela, mas nunca a encontrara na vida.

Um dos temas dela é o céu noturno, e decidimos que o livro seria dedicado às estrelas. As pinturas e gravuras de Celmins figuram um céu carregado de estrelas, sem constelações à vista — de um jeito que faz pensar no termo que usavam para falar de Jackson Pollock, *all-over*. Então pensei que o meu texto deveria espelhar isso: um bloco sólido de texto em prosa, com espaços de extensão variável entre as frases.

Quando terminei de escrever, o museu achou que o texto estava curto demais para dar um livro. Decidi reformatá-lo à maneira de um poema espalhado na página — como se as estrelas estivessem parcialmente ocultadas por nuvens dispersas. Passamos um bom tempo, eu e Leslie Miller, uma *designer* brilhante, tentando dispor aleatoriamente as frases nas páginas, em vez de usar espaçamentos fixos. E a verdade é que, no final das contas, não é nada fácil chegar ao aleatório.

O museu continuou achando que o livro estava curto demais. Como as estrelas são universais — e o texto versava justamente sobre essa universalidade —, pensei em incluir traduções para várias línguas. Mas só queria línguas que não usassem o alfabeto latino, para aumentar o apelo visual do livro. Pedimos então a escritores amigos que o traduzissem para o chinês, o japonês, o árabe e o hindi. Feito isso, achei que seria interessante ter uma língua que usasse o alfabeto latino mas que fosse incompreensível para a maioria das pessoas que leriam o livro: maori. (O livro levou muito tempo para ser produzido, e eu tinha feito uma leitura do texto ainda inédito na Nova Zelândia, o que me levou a conversas sobre os mitos maoris relativos às estrelas. Alguns anos mais tarde, voltei à Nova Zelândia e participei de uma leitura bilíngue; foi quando um formidável pintor maori, Shane Cotton, me pediu que escrevesse um texto para uma exposição retrospectiva de sua obra, o que me levou a escrever o ensaio "Os fantasmas dos pássaros", que trata da mitologia ornitológica maori. Uma das alegrias secretas da vida de escritor está aí, nesse modo inesperado pelo qual um escrito leva a outro.) E é assim que, no livro do MoMA, o leitor pode recitar o texto maori e fazer de conta que está ouvindo o som da língua—ou, mais precisamente, pode ouvir o resultado de sua própria distorção pessoal da língua.

No fim das contas, o MoMA ficou tão satisfeito com o livro que decidiu, pela primeira vez, publicar uma versão comercial em brochura, e agora qualquer pessoa pode ter o seu próprio exemplar.

Como se pôs a escrever *As estrelas*?

O tema é o modo como diversas culturas, ao longo dos tempos, pensaram sobre as estrelas: o que julgavam que elas fossem, o que significavam, como as nomeavam, que padrões — as constelações — enxergavam nelas, que histórias contavam a seu respeito. Nenhum dos nomes, nenhuma das ideias é invenção minha: tudo vem de culturas ou filósofos ou cientistas específicos.

Eu não vinha colecionando nada disso antes de escrever o texto. Comecei a pesquisar quando o MoMA me fez o convite. Mas é claro que o assunto me interessava, e esse é bem o tipo de pesquisa que eu gosto de fazer. No fim, tentei organizar toda essa informação em alguma espécie de coerência sonora.

As estrelas são um poema, um poema em prosa, um ensaio, um...?

Nunca fiz muito caso da classificação por gêneros. Acho que isso que eu escrevo são ensaios, na medida em que nada é criado por mim e toda a informação que está lá é verificável por via independente. (Ela pode até não ser estritamente "verdadeira", mas alguém antes de mim houve por bem registrá-la, julgando que fosse verdadeira.) Alguns desses ensaios são mais narrativos, outros estão mais para poemas em prosa documentais, outros ainda (como a versão final de *As estrelas*) são dispostos na página como um poema. Houve ocasiões em que alguns desses ensaios acabaram entrando em antologias de poesia (mas quase nunca em antologias de ensaios, pelo menos não nos Estados Unidos, onde o ensaio ainda costuma ser uma investigação ou ruminação subjetiva na primeira pessoa do singular). E é sempre verdade que eu tento escrevê-los como poemas, atento ao som e em busca de imagens concretas, sem grandes transições retóricas. Mas não creio que sejam poemas. Tenho respeito demais pela poesia.

Quais poetas ou escritores foram essenciais para *As estrelas*?

A "influência" é uma obsessão crítica que não me parece refletir como a literatura de fato se escreve. (Estou pensando em especial na ideia freudiana de "angústia da influência", que só me parece valer em poucos, em raros casos.) Com os poetas Lorine Niedecker e Charles Reznikoff, aprendi a condensar documentos históricos e convertê-los em obras literárias. Com autores tão diferentes quanto Artaud ou D. H. Lawrence ou Guy Davenport ou Charles Olson ou Susan Howe (entre muitos outros, quase sempre poetas), aprendi muito sobre as possibilidades que a forma ensaística oferece. Aprendi muito sobre a escrita narrativa com as sagas islandesas. Mas há muitos escritores por quem tenho adoração, cuja "influência" não se manifesta de modo flagrante nas coisas que acabo escrevendo.

Paz teve uma importância tremenda na minha vida. Decidi que queria ser escritor aos treze anos, quando um exemplar de *Piedra de sol* caiu por acaso em minhas mãos. Trabalhei e convivi com ele por muito tempo, por trinta anos, até sua morte. Mas não acho que a minha escrita se pareça com a dele, nem de longe. (Ou seja, se a minha obra não valer grande coisa, pelo menos ela não será uma imitação barata.) Na época em que estava traduzindo seus poemas, volta e meia eu me pilhava escrevendo uma frase que soava parecida a alguma coisa de Octavio, e então eu a reescrevia no ato.

Quanto a Borges, não o li a fundo antes da época em que parei para editar e traduzir um compêndio bastante vasto dos seus ensaios — e a essa altura eu já levava umas tantas décadas escrevendo ensaios. Exceto pelas sagas — e é curioso, elas são a única descoberta que Borges faz depois dos seus vinte e poucos anos —, nossos interesses raramente coincidem. E eu com certeza não acho que o paraíso seja uma biblioteca.

Das coisas que eu traduzi, talvez a única que tenha alguma conexão remota com *As estrelas* seja o *Altazor* de Huidobro — na medida em que ambos são devaneios extensos, sustentados pela repetição.

As estrelas vieram e passaram ou abriram novos caminhos?

Ao longo de vários livros, eu venho escrevendo uma espécie de "ensaio serial", modelado na tradição norte-americana do poema serial (*The Cantos, The Maximus Poems* etc). É uma forma que não parece existir em outras línguas: uma série aberta em que os temas mudam o tempo todo, ao mesmo tempo que certas imagens ou motivos ou frases se repetem. *As estrelas* entram aí, e a primeira linha (ou o primeiro verso) do texto faz eco às primeiras palavras de *O vento*, primeiro ensaio do meu livro *An Elemental Thing*, que começa perguntando "*The wind: what is it?*". Mas eu tento não me repetir formalmente, e quero crer que nunca escrevi nada parecido com *As estrelas*.

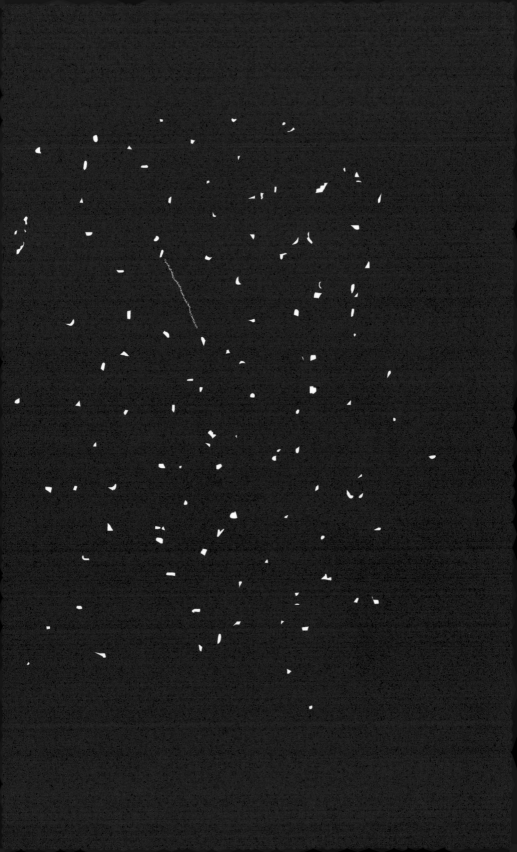

Sobre a coleção

Fábula: do verbo latino *fari*, "falar", como a sugerir que a fabulação é extensão natural da fala e, assim, tão elementar, diversa e escapadiça quanto esta; donde também falatório, rumor, diz que diz, mas também enredo, trama completa do que se tem para contar (*acta est fabula*, diziam mais uma vez os latinos, para pôr fim a uma encenação teatral); "narração inventada e composta de sucessos que nem são verdadeiros, nem verossímeis, mas com curiosa novidade admiráveis", define o padre Bluteau em seu *Vocabulário português e latino*; história para a infância, fora da medida da verdade, mas também história de deuses, heróis, gigantes, grei desmedida por definição; história sobre animais, para boi dormir, mas mesmo então todo cuidado é pouco, pois há sempre um lobo escondido (*lupus in fabula*) e, na verdade, "é de ti que trata a fábula", como adverte Horácio; patranha, prodígio, patrimônio; conto de intenção moral, mentira deslavada ou quem sabe apenas "mentirada gentil do que me falta", suspira Mário de Andrade em "Louvação da tarde"; início, como quer Valéry ao dizer, em diapasão bíblico, que "no início era a fábula"; ou destino, como quer Cortázar ao insinuar, no *Jogo da amarelinha*, que "tudo é escritura, quer dizer, fábula"; fábula dos poetas, das crianças, dos antigos, mas também dos filósofos, como sabe o Descartes do *Discurso do método* ("uma fábula") ou o Descartes do retrato que lhe pinta J. B. Weenix em 1647, segurando um calhamaço onde se entrelê um espantoso *Mundus est fabula*; ficção, não ficção e assim infinitamente; prosa, poesia, pensamento.

PROJETO EDITORIAL Samuel Titan Jr. / PROJETO GRÁFICO Raul Loureiro

Sobre o autor

Criador de uma obra multifária, Eliot Weinberger nasceu em 1949, em Nova York, cidade onde mora até hoje. Depois de abandonar os estudos universitários, passou a se dedicar ao ensaísmo e à tradução. Como tradutor de literatura hispano-americana, verteu para o inglês diversos livros de seu amigo Octavio Paz, bem como poemas do também mexicano Xavier Villaurrutia, ensaios de Jorge Luis Borges e o *Altazor* de Vicente Huidobro; na esteira do interesse que o modernismo americano, desde Pound, dedicou ao Oriente, organizou *The New Directions Anthology of Classical Chinese Poetry* (2003) e reeditou as traduções de poesia chinesa e japonesa assinadas por Kenneth Rexroth, além de escrever um pequeno estudo já clássico, *19 Ways of Looking at Wang Wei* (1987, com reedição ampliada em 2016); é ainda tradutor do poeta contemporâneo Bei Dao, de quem já publicou duas antologias. Como ensaísta, Weinberger começou a escrever na contramão de um gênero até então quase intocado pela experimentação formal e mais próximo da crônica, do jornalismo ou da crítica acadêmica. A partir de *Works on Paper* (1986), *Outside Stories* (1992) e *Karmic Traces* (2000), borrou progressivamente os limites entre ensaio, ficção e poesia, publicando livros como *The Stars* (2000), *Muhammad* (2006), para finalmente chegar ao projeto de um grande "ensaio serial", iniciado com *An Elemental Thing* (2007) e *The Ghosts of Birds* (2016). Por fim, Weinberger é autor de dois grandes livros de intervenção política, *What I Heard about Iraq* (2005) e *What Happened Here: Bush Chronicles* (2005), ambos publicados no Brasil pela editora Record. A obra de Eliot Weinberger já foi traduzida para mais de trinta idiomas.

Sobre o ilustrador
Fidel Sclavo nasceu em Tacuarembó, no Uruguai, em 1960. Depois de estudar artes e viver em Montevidéu, Barcelona e Nova York, instalou-se em Buenos Aires, onde mora até hoje. Marcada pelo diálogo com a música e a literatura, sua obra plástica foi exposta em diversos museus e galerias na Argentina, nos Estados Unidos e na Europa. Como ilustrador, colaborou com muitas revistas, editoras e selos musicais, na Argentina e no exterior. No Brasil, teve dois de seus livros infantis publicados pela editora Vergara & Riba: *Os amigos imaginários* e *O que existe em você*.

Sobre o tradutor
Samuel Titan Jr. nasceu em Belém, em 1970. Estudou filosofia na Universidade de São Paulo, onde leciona Teoria Literária e Literatura Comparada desde 2005. Editor e tradutor, organizou com Davi Arrigucci Jr. uma antologia de Erich Auerbach (*Ensaios de literatura ocidental*, 2007) e assinou versões para o português de autores como Adolfo Bioy Casares (*A invenção de Morel*), Gustave Flaubert (*Três contos*, em colaboração com Milton Hatoum), Jean Giono (*O homem que plantava árvores*, 2018, em colaboração com Cecília Ciscato), Voltaire (*Cândido ou o otimismo*, 2013) e Prosper Mérimée (*Carmen*, 2015).

Sobre este livro
As estrelas, São Paulo, Editora 34, 2019 TÍTULO ORIGINAL *The Stars* © Eliot Weinberger, 2019 EDIÇÃO ORIGINAL The Museum of Modern Art, Nova York, 2000 ILUSTRAÇÕES © Fidel Sclavo, 2019 TRADUÇÃO © Samuel Titan Jr., 2019 PREPARAÇÃO Lívia Lima REVISÃO Nina Schipper, Rafaela Biff Cera PROJETO GRÁFICO Raul Loureiro ESTA EDIÇÃO © Editora 34 Ltda., São Paulo; 1ª edição, 2019. A reprodução de qualquer folha deste livro é ilegal e configura apropriação indevida dos direitos intelectuais e patrimoniais do autor. A grafia foi atualizada segundo o Acordo Ortográfico da Língua Portuguesa de 1990, que entrou em vigor no Brasil em 2009.

O tradutor agradece as sugestões de Juliana Kobata, Heloisa Jahn e Jorge Mara.

CIP — Brasil. Catalogação-na-Fonte
(Sindicato Nacional dos Editores de Livros, RJ, Brasil)

Weinberger, Eliot, 1949
As estrelas / Eliot Weinberger; tradução de Samuel Titan Jr.;
desenhos de Fidel Sclavo — São Paulo: Editora 34, 2019
(1ª Edição).
56 p. (Coleção Fábula)

Tradução de: The Stars

ISBN 978-85-7326-733-4

1. Poesia norte-americana. I. Titan Jr., Samuel.
II. Sclavo, Fidel. III. Título. IV. Série.

CDD – 821EU

TIPOLOGIA Minion PAPEL Munken 120 g/m² IMPRESSÃO Ipsis Gráfica e Editora TIRAGEM 1.500

EDITORA 34
Editora 34 Ltda. Rua Hungria, 592
Jardim Europa CEP 01455-000
São Paulo — SP Brasil
TEL/FAX (11) 3811-6777
www.editora34.com.br